Basile et les Maths

Les tailles

Karen Bryant-Mole

L'élan vert

Basile et les Maths

**Compter ● Les suites ● Les formes ●
Les tailles ● Classer ● Où est Basile ?**

© Evans Brothers Limited, London, 1999
Titre original : *Size*.
Photographie de Zul Mukhida.
Maquette de Jean Wheeler.
Ours en peluche de Merrythought.

© L'Élan vert, Paris, 1999,
pour l'édition en langue française.
Adaptation d'Amélie Léveillé.
Dépôt légal : septembre 1999
Bibliothèque nationale.
I.S.B.N. 2-84455-061-4

Imprimé à Hong Kong.

À propos du livre

L'ourson Basile aborde les premiers concepts mathématiques et guide l'apprentissage de l'enfant avec humour et tendresse.

Ce livre constitue une approche de la mesure. Chaque double page introduit deux mots opposés décrivant les dimensions de deux objets semblables. L'enfant prend ensuite conscience que les notions de dimension sont relatives. Pour aborder les mesures, Basile est un étalon, c'est-à-dire un instrument type de mesure qui sert d'unité de comparaison.

Utilisez ce livre comme point de départ pour des exercices sur les dimensions. Afin de comparer deux objets, il est préférable de les mettre l'un à côté de l'autre. Pour la longueur, on peut procéder à une comparaison directe par juxtaposition des objets en amenant en coïncidence une des extrémités de chacun des objets.

sommaire

les tailles

Basile joue avec ses jouets.

Mes jouets ont
différentes tailles.

Les jouets sont petits ou gros,
petits ou grands,
étroits ou larges.

Ces mots décrivent la taille
des jouets.

Basile te montrera ce que
ces mots veulent dire.

grand et petit

Grand et petit qualifient
la hauteur des objets.

La bouteille
verte est grande.
La bouteille bleue
est petite.

un petit chapeau

un grand chapeau

une grande bougie

une petite bougie

plus grand et plus petit

Cette plante est plus grande que moi.

long et court

Long et court qualifient la longueur d'un objet, sa dimension entre ses deux côtés les plus éloignés.

Le serpent vert est long. Le serpent rouge est court.

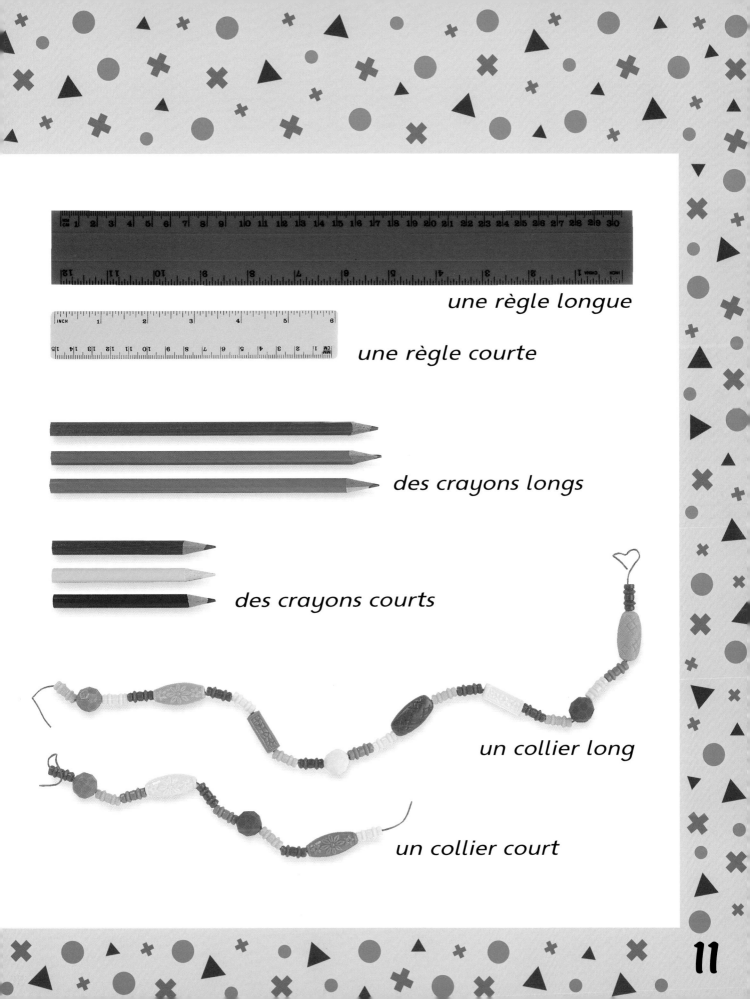

une règle longue

une règle courte

des crayons longs

des crayons courts

un collier long

un collier court

plus long et plus court

Ce train est plus long que moi.

Cherche, autour de toi,
quelque chose de plus long que toi.

Ce train est plus court que moi.

Cherche, autour de toi,
quelque chose de plus court que toi.

large et étroit

Large et étroit qualifient la largeur d'un objet. La largeur est la dimension entre les deux côtés les plus rapprochés.

Le livre rouge est large. Le livre bleu est étroit.

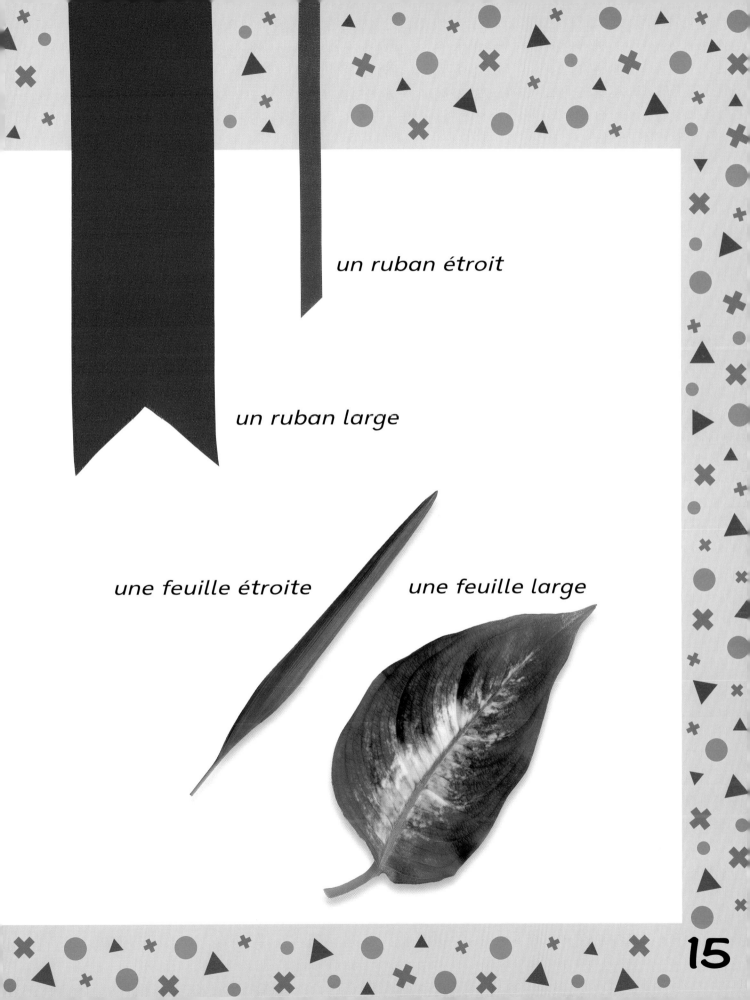

un ruban étroit

un ruban large

une feuille étroite   une feuille large

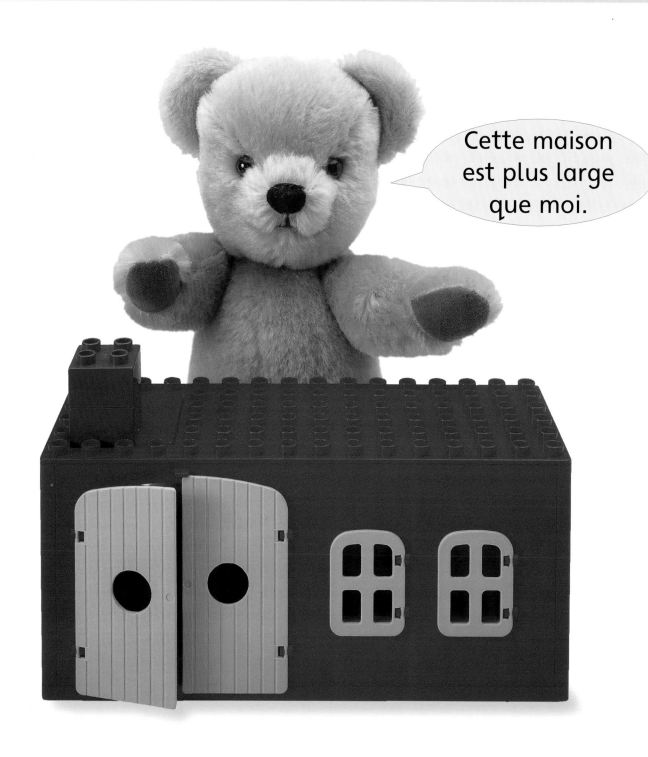

Cette maison est plus large que moi.

Cette maison est plus étroite que moi.

Les portes de ma maison en briques sont plus étroites que moi. Les portes de ta maison sont plus larges que toi !

gros et petit

Les gros objets prennent plus
de place que les petits.

La voiture
rouge est grosse.
La voiture jaune
est petite.

un gros camion-benne

*un petit
camion-benne*

un gros porte-monnaie

*un petit
porte-monnaie*

Ce ballon est plus
petit que moi.

Tu peux te cacher derrière
un objet plus gros que toi,
mais tu ne peux pas
te cacher derrière un objet
plus petit que toi.

quelle est sa taille ?

Compare la taille de ces jouets à celle de Basile. Utilise les mots que nous avons vus.

Par exemple : le bateau est plus étroit et plus court que Basile.

Utilise aussi les mots décrivant la taille pour comparer les jouets entre eux.

glossaire

camion-benne : un camion qui porte
une remorque qui se soulève et se baisse.

comparer : observer les objets pour voir
les ressemblances et les différences.

décrire : dire à quoi ressemble quelque chose.

règle : un objet qui mesure la longueur
d'un autre objet.

index

Basile et les Maths

Les formes

Karen Bryant-Mole

L'élan vert

Basile et les Maths

Classer ● Les suites ● Où est Basile ?
Les formes ● Compter ● Les tailles

© Evans Brothers Limited, London, 1999
Titre original : *Shape*.
Photographie de Zul Mukhida.
Maquette de Jean Wheeler.
Ours en peluche de Merrythought.

© L'Élan vert, Paris, 1999,
pour l'édition en langue française.
Adaptation d'Amélie Léveillé.
Dépôt légal : septembre 1999,
Bibliothèque nationale.
I.S.B.N. 2-84455-063-0

Imprimé à Hong Kong.

À propos du livre

L'ourson Basile aborde les premiers concepts mathématiques et guide l'apprentissage de l'enfant avec humour et tendresse.

Ce livre présente à l'enfant le concept de forme. L'enfant apprend à distinguer, reconnaître et nommer les formes de l'espace et du plan. Des exemples d'objets quotidiens l'aident à reconnaître ces formes.

Vous pouvez utiliser ce livre pour aborder les activités géométriques. Il est important d'utiliser les termes appropriés. On peut employer le mot rond indifféremment pour désigner le bord (le cercle) ou la surface (le disque), mais ne demandez surtout pas de colorier le cercle ! De plus, on peut commencer par désigner la sphère par le mot boule. Faites observer les différentes formes géométriques sur les panneaux de signalisation routière.

sommaire

les formes

Basile découpe des formes différentes
dans du papier de couleur.

Le papier est très fin.
Toutes les formes
sont planes.

Ce sont des formes
dans un plan.

Les briques de Basile ne sont pas planes. Les formes qui ne sont pas planes sont appelées des solides.

Ce sont des formes dans l'espace.

le rond

Basile porte
un beau badge.

La forme de
mon badge est
un rond.

Les ronds sont des formes
planes. Ils n'ont pas d'angles.
Ils ont un bord arrondi
qui fait tout le tour.

Tous ces objets sont des ronds.

des boutons

un biscuit

des pièces

le rectangle

Basile a acheté
une carte postale.

La forme
de ma carte postale
est un rectangle.

Les rectangles
sont des formes planes.
Ils ont quatre angles et quatre côtés droits.

Voici quelques rectangles.

une règle

des cartes
à jouer

une trousse

le carré

Basile va laver la vaisselle avec une lavette.

La forme de ma lavette est un carré.

Les carrés sont des rectangles particuliers. Tous leurs côtés sont de la même longueur.

Dans sa maison, Basile
a trouvé d'autres carrés.

une débarbouillette

un chiffon à poussière

une serviette en papier

le triangle

Basile tient
un drapeau
à la main.

Mon drapeau
a la forme
d'un triangle.

Les triangles
sont des formes planes.
Ils ont trois côtés et trois angles.

Toutes ces formes sont des triangles,
mais ils sont très différents. Compte
les côtés et les angles de ces triangles.

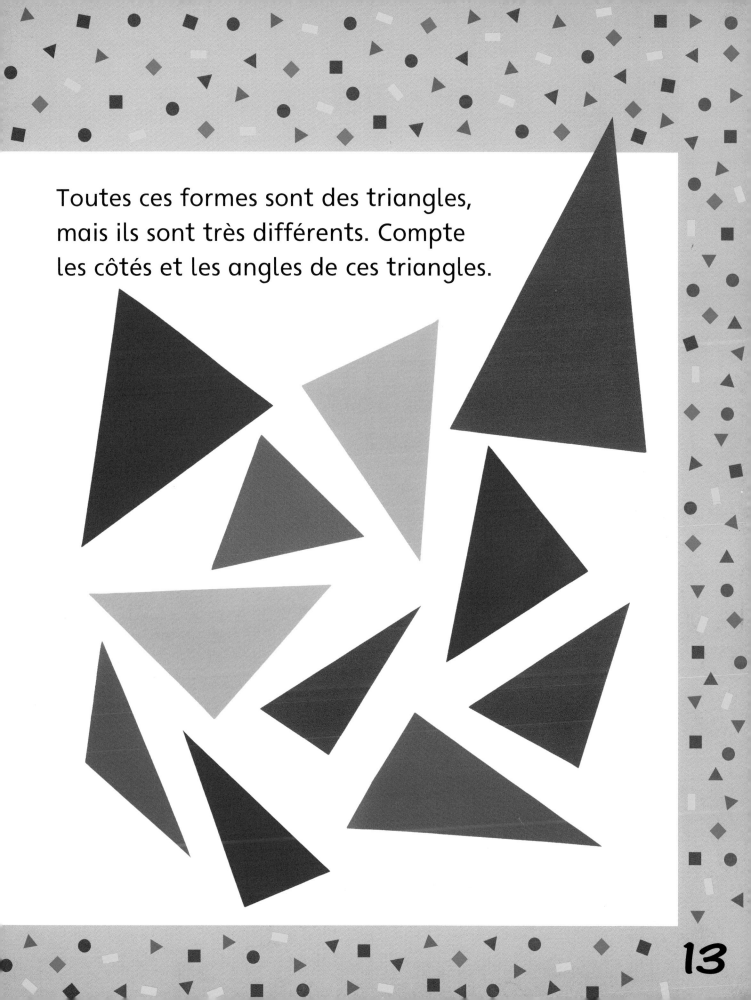

la boule

Basile tient une balle bleue.

La forme de ma balle est une boule.

Les boules sont des solides. Elles sont parfaitement rondes. Elles roulent très facilement.

Voici d'autres balles. Toutes sont des boules, mais elles sont de différentes tailles.

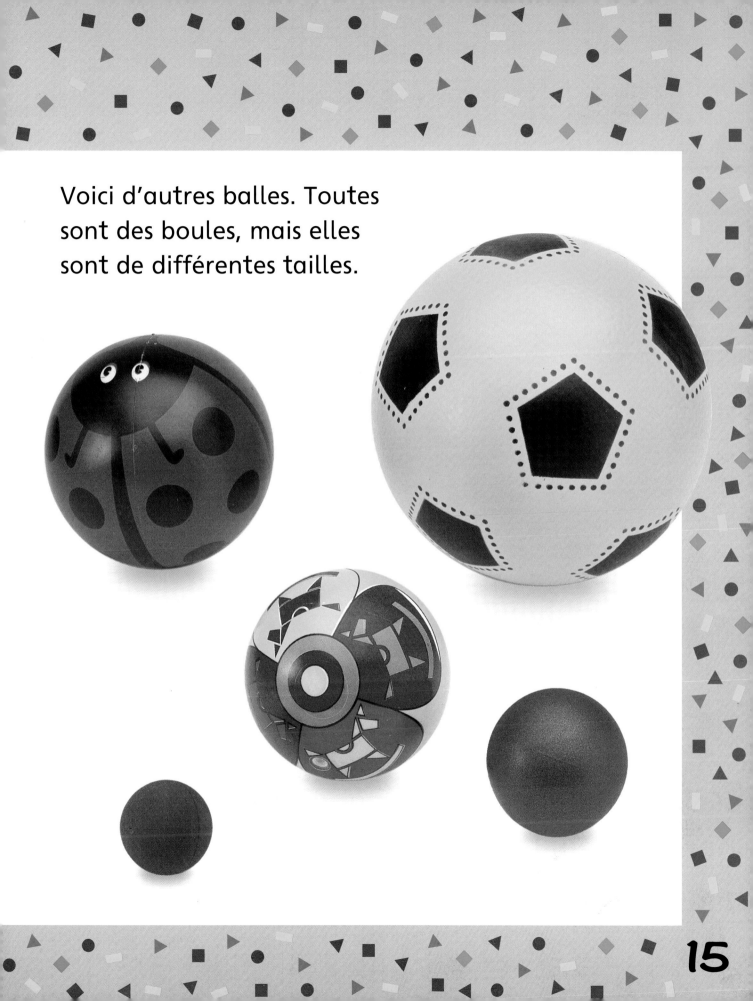

le cylindre

Basile a fait des courses.
Il a acheté une boîte
de conserve de fruits.

La forme
de ma boîte est
un cylindre.

Les cylindres sont des solides.
Ce sont des tubes fermés aux deux bouts.

Basile a acheté
d'autres cylindres
dans le magasin.

le pavé

C'est l'anniversaire
de Basile.
Il a reçu un cadeau.

Mon cadeau a la
forme d'un pavé.

Les pavés sont des solides.
Tous leurs côtés n'ont pas la même longueur.

Basile a reçu
beaucoup
de cadeaux.
Ils ont tous
la forme
de pavés.

le cube

Pauvre Basile, il est enrhumé !
Il a une boîte de mouchoirs.

La forme de ma boîte est un cube.

Les cubes sont des solides.
Tous leurs côtés sont de la même longueur.

Voici d'autres cubes.

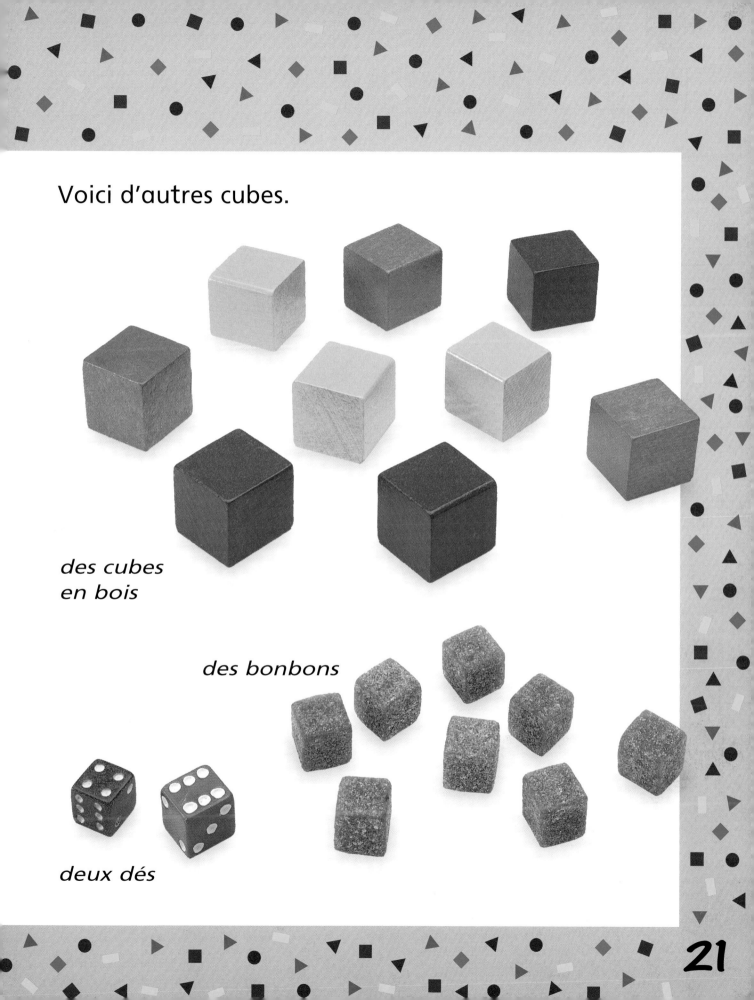

des cubes
en bois

des bonbons

deux dés

qu'est-ce que c'est ?

Basile essaie
de se rappeler
les noms
de toutes
ces formes.

Peux-tu
m'aider ?

Si tu ne sais plus, regarde
à nouveau dans le livre.
Basile t'a déjà montré
chacun de ces objets.

glossaire

carte à jouer : petit carton qui sert à jouer.

dé : petit cube avec différents nombres de points sur ses côtés qui sert dans certains jeux.

débarbouillette : une petite serviette carrée qui est utilisée comme un gant de toilette.

lavette : morceau de tissu avec lequel on lave la vaisselle.

règle : un objet qui sert à mesurer.

index